Dieses Buch gehört

DEINE MOTIVATION

Was willst du mit diesem Haushaltsbuch erreichen?

Warum willst du das?

Wie fühlt sich es sich an, wenn du dieses Ziel erreicht hast?

Was hat dich bis jetzt immer von deinem Ziel abgehalten?

Wie gehst du zukünftig mit diesen Hindernissen um?

Jahresübersicht   Name

Bitte Monatsnamen rechts eintragen

	Einnahmen / Ausgaben	1. Monat	2. Monat	3. Monat
Einnahmen				
	Summe Einnahmen			
Fixkosten (alles was automatisch vom Konto abgebucht wird. Miete, Versicherungen, Verträge usw.)				
	Summe Ausgaben Fixkosten			

Jahr ....

4. Monat	5. Monat	6. Monat	Notizen / Sparpotenzial

Jahresübersicht Name ....

Bitte Monatsnamen rechts eintragen

<table>
<tr><td rowspan="6">Einnahmen</td><td>Einnahmen / Ausgaben</td><td>7. Monat</td><td>8. Monat</td><td>9. Monat</td></tr>
<tr><td>............................</td><td></td><td></td><td></td></tr>
<tr><td>............................</td><td></td><td></td><td></td></tr>
<tr><td>............................</td><td></td><td></td><td></td></tr>
<tr><td></td><td></td><td></td><td></td></tr>
<tr><td>**Summe Einnahmen**</td><td></td><td></td><td></td></tr>
</table>

Fixkosten (alles was automatisch vom Konto abgebucht wird. Miete, Versicherungen, Verträge usw.)

Summe Ausgaben Fixkosten

Jahr

10. Monat	11. Monat	12. Monat	Notizen / Sparpotenzial

Wochenübersicht Name ....

Bitte Tagesdatum rechts eintragen

	Ausgabenart	Montag	Dienstag	Mittwoch
Notwendige Ausgaben (Keine Fixkosten)				
Nicht notwendig, aber schön				
Ungeplantes				
	Summe			

Monat .... Jahr ....

Donnerstag	Freitag	Samstag	Sonntag	Art / Summe

Wochenübersicht   Name ....

Bitte Tagesdatum rechts eintragen

Ausgabenart	Montag	Dienstag	Mittwoch
...Summe	,	,	,
	,	,	,
	,	,	,
	,	,	,
	,	,	,
	,	,	,
	,	,	,
	,	,	,
	,	,	,
	,	,	,
	,	,	,
	,	,	,
	,	,	,
	,	,	,
	,	,	,
	,	,	,
	,	,	,
	,	,	,
	,	,	,
	,	,	,
	,	,	,
	,	,	,
	,	,	,
	,	,	,
	,	,	,
	,	,	,
	,	,	,
	,	,	,
Summe	,	,	,

Notwendige Ausgaben (Keine Fixkosten)

Nicht notwendig, aber schön

Ungeplantes

Monat ....   Jahr ....

Donnerstag	Freitag	Samstag	Sonntag	Art / Summe

Wochenübersicht   Name

Bitte Tagesdatum rechts eintragen

	Ausgabenart	Montag	Dienstag	Mittwoch
Notwendige Ausgaben (Keine Fixkosten)				
Nicht notwendig, aber schön				
Ungeplantes				
Summe				

Monat ....   Jahr ....

Donnerstag	Freitag	Samstag	Sonntag	Art / Summe

Wochenübersicht   Name ....

Bitte Tagesdatum rechts eintragen

<table>
<tr><td rowspan="2"></td><td>Ausgabenart</td><td>Montag</td><td>Dienstag</td><td>Mittwoch</td></tr>
</table>

	Ausgabenart	Montag	Dienstag	Mittwoch
Notwendige Ausgaben (Keine Fixkosten)				
Nicht notwendig, aber schön				
Ungeplantes				
	Summe			

Monat .... Jahr ....

Donnerstag	Freitag	Samstag	Sonntag	Art / Summe

Wochenübersicht   Name

Bitte Tagesdatum rechts eintragen

Ausgabenart	Montag	Dienstag	Mittwoch

Notwendige Ausgaben (Keine Fixkosten)

Nicht notwendig, aber schön

Ungeplantes

| **Summe** | | | |

Monat .... Jahr ....

Donnerstag	Freitag	Samstag	Sonntag	Art / Summe

Monatsübersicht

Name

Monatlicher Einnahmen

−

Monatliche Fixkosten

−

Notwendige Ausgaben

−

Nicht notwendig, aber schön

(Kultur / Leben)

=

Soll / Haben
aktueller Monat

Wo könntest du sparen?

*Könntest du in günstigere Verträge
wechseln? Wenn ja in welche? (Telekomunikation / Versicherungen / usw.)*

Auf was könntest du verzichten?

Gibt es günstigere Alternativen?

Was könntest du hier ändern?

Monat ....   Jahr ....

Wie viel würdest du gerne sparen?

Hast du einen Wunsch, den du dir gerne erfüllen würdest? Wofür würdest du gerne sparen und warum? Was lief bisher gut? Was könntest du verbessern?

....

....

....

....

....

....

Was würde dich der Wunsch insgesamt kosten?

> ....
> Gesamtsumme
> Wunsch

> ....
> Gesamtsumme Wunsch
> abzüglich bereits Erspartem

Wie viel musst du für den Wunsch monatlich sparen?

> ....
> Monatliche Einnahmen
> minus fixe Beträge

–

> ....
> Monatliche Sparsumme
> für deinen Wunsch

=

Dein zur Verfügung stehender Betrag für flexible Ausgaben

> ....
> Summe für
> flexible Ausgaben

Fazit

30-Tage-Regel eingehalten? ☐ ja ☐ nein
*Bevor du eine große Anschaffung machst warte und überprüfe, ob du sie
nach 30 Tagen immer noch willst.*

**Hast du dir eine Einkaufsliste vor jedem Einkauf erstellt und nur
darauf Notiertes gekauft?** ☐ ja ☐ nein
Versuche saisonal zu kaufen und wähle Hausmarken anstatt teurere Markenprodukte.

Hast du die 10-Minuten-Regel eingehalten? ☐ ja ☐ nein
*Wenn du etwas spontan kaufen willst halte es 10 Minuten in der Hand und
überlege, ob du es wirklich brauchst.*

**Hast du statt der Kantine selbst gekocht und Essen
mit ins Büro genommen?** ☐ ja ☐ nein

Hast du deine Fahrwege zur Arbeit optimiert? ☐ ja ☐ nein
Fahre doch einmal mit dem Fahrrad zur Arbeit oder bilde eine Fahrgemeinschaft.

Hast du deine Wohnung auf Stromfresser optimiert? ☐ ja ☐ nein
*Lass nicht unnötig Licht brennen und vermeide den Stand-by-Modus elektronischer
Geräte. Tausche alte Glühbirnen gegen LED-Leuchtmittel*

Hast du dir diesen Monat etwas ausgeliehen anstatt es zu kaufen? ☐ ja ☐ nein

Hast du deine Strom- Oder Gaskosten verglichen und optimiert? ☐ ja ☐ nein

Hast du deine Internet- & Mobilfunktarife verglichen und gewechselt? ☐ ja ☐ nein

Hast du deine Versicherungsverträge überprüft? ☐ ja ☐ nein
*Kündige unnötige Versicherungen, wechsle zu günstigeren Anbietern, wechsle in
günstigere Tarife oder zahle anstatt monatlich lieber jährlich.* ☐ ja ☐ nein

Hast du zu günstigen Zeiten und Benzinpreisen getankt? ☐ ja ☐ nein

Hast du deine Konten nach unnötigen Ausgaben durchsucht? ☐ ja ☐ nein

Hast du überlegt, ungünstige Kredite in günstigere umzuschulden? ☐ ja ☐ nein

Hast du statt neuen Sachen auch einmal gebrauchte Sachen gekauft? ☐ ja ☐ nein

☐ ja ☐ nein
**Hast du dich finanziell weitergebildet und dich über
sinnvolle Investitionsmodelle informiert ?**
☐ ja ☐ nein

Hast du rechtzeitig unnötige Abonnements und Verträge gekündigt? ☐ ja ☐ nein

Hat es Spaß gemacht? ☐ ja ☐ nein

Notizen

Wochenübersicht   Name ....

Bitte Tagesdatum rechts eintragen

	Ausgabenart	Montag	Dienstag	Mittwoch
Notwendige Ausgaben (Keine Fixkosten)				
Nicht notwendig, aber schön				
Ungeplantes				
	Summe			

Monat .... Jahr ....

Donnerstag	Freitag	Samstag	Sonntag	Art / Summe

Wochenübersicht   Name ....

Bitte Tagesdatum rechts eintragen

	Ausgabenart	Montag	Dienstag	Mittwoch
Notwendige Ausgaben (Keine Fixkosten)				
Nicht notwendig, aber schön				
Ungeplantes				
	Summe			

Monat .... Jahr ....

Donnerstag	Freitag	Samstag	Sonntag	Art / Summe

Wochenübersicht   Name

Bitte Tagesdatum rechts eintragen

Ausgabenart	Montag	Dienstag	Mittwoch
Notwendige Ausgaben (Keine Fixkosten)			
Nicht notwendig, aber schön			
Ungeplantes			
Summe			

Monat ....   Jahr ....

Donnerstag	Freitag	Samstag	Sonntag	Art / Summe

Wochenübersicht   Name ....

Bitte Tagesdatum rechts eintragen

Ausgabenart	Montag	Dienstag	Mittwoch

Notwendige Ausgaben (Keine Fixkosten)

Nicht notwendig, aber schön

Ungeplantes

Summe

Donnerstag	Freitag	Samstag	Sonntag	Art / Summe

Wochenübersicht   Name ....

Bitte Tagesdatum rechts eintragen

	Ausgabenart	Montag	Dienstag	Mittwoch
Notwendige Ausgaben (Keine Fixkosten)				
Nicht notwendig, aber schön				
Ungeplantes				
	Summe			

Monat ....   Jahr ....

Donnerstag	Freitag	Samstag	Sonntag	Art / Summe

Monatsübersicht

Name

Fixe Beträge- Sparpotenzial durch optimierbare Verträge

Monatlicher Einnahmen

–

Monatliche Fixkosten

–

Notwendige Ausgaben

–

Flexible Ausgaben mit Einsparpotenzial

Nicht notwendig, aber schön

(Kultur / Leben)

=

Soll / Haben aktueller Monat

Wo könntest du sparen?

Könntest du in günstigere Verträge wechseln? Wenn ja in welche? (Teleko-munikation / Versicherungen / usw.)

....
....
....
....

Auf was könntest du verzichten?

....
....
....

Gibt es günstigere Alternativen?

....
....
....
....

Was könntest du hier ändern?

....
....
....
....
....
....
....

Monat .... Jahr ....

Wie viel würdest du gerne sparen?

Hast du einen Wunsch, den du dir gerne erfüllen würdest? Wofür würdest du gerne sparen und warum? Was lief bisher gut? Was könntest du verbessern?

....

....

....

....

....

Was würde dich der Wunsch insgesamt kosten?

Gesamtsumme Wunsch	Gesamtsumme Wunsch abzüglich bereits Erspartem

Wie viel musst du für den Wunsch monatlich sparen?

Monatliche Einnahmen minus fixe Beträge	**–**	Monatliche Sparsumme für deinen Wunsch

=

Summe für flexible Ausgaben

Dein zur Verfügung stehender Betrag für flexible Ausgaben

Fazit

30-Tage-Regel eingehalten? ☐ ja ☐ nein
*Bevor du eine große Anschaffung machst warte und überprüfe, ob du sie
nach 30 Tagen immer noch willst.*

**Hast du dir eine Einkaufsliste vor jedem Einkauf erstellt und nur
darauf Notiertes gekauft?** ☐ ja ☐ nein
Versuche saisonal zu kaufen und wähle Hausmarken anstatt teurere Markenprodukte.

Hast du die 10-Minuten-Regel eingehalten? ☐ ja ☐ nein
*Wenn du etwas spontan kaufen willst halte es 10 Minuten in der Hand und
überlege, ob du es wirklich brauchst.*

**Hast du statt der Kantine selbst gekocht und Essen
mit ins Büro genommen?** ☐ ja ☐ nein

Hast du deine Fahrwege zur Arbeit optimiert? ☐ ja ☐ nein
Fahre doch einmal mit dem Fahrrad zur Arbeit oder bilde eine Fahrgemeinschaft.

Hast du deine Wohnung auf Stromfresser optimiert? ☐ ja ☐ nein
*Lass nicht unnötig Licht brennen und vermeide den Stand-by-Modus elektronischer
Geräte. Tausche alte Glühbirnen gegen LED-Leuchtmittel*

Hast du dir diesen Monat etwas ausgeliehen anstatt es zu kaufen? ☐ ja ☐ nein

Hast du deine Strom- Oder Gaskosten verglichen und optimiert? ☐ ja ☐ nein

Hast du deine Internet- & Mobilfunktarife verglichen und gewechselt? ☐ ja ☐ nein

Hast du deine Versicherungsverträge überprüft? ☐ ja ☐ nein
*Kündige unnötige Versicherungen, wechsle zu günstigeren Anbietern, wechsle in
günstigere Tarife oder zahle anstatt monatlich lieber jährlich.* ☐ ja ☐ nein

Hast du zu günstigen Zeiten und Benzinpreisen getankt? ☐ ja ☐ nein

Hast du deine Konten nach unnötigen Ausgaben durchsucht? ☐ ja ☐ nein

Hast du überlegt, ungünstige Kredite in günstigere umzuschulden? ☐ ja ☐ nein

Hast du statt neuen Sachen auch einmal gebrauchte Sachen gekauft? ☐ ja ☐ nein

**Hast du dich finanziell weitergebildet und dich über
sinnvolle Investitionsmodelle informiert ?** ☐ ja ☐ nein
☐ ja ☐ nein

Hast du rechtzeitig unnötige Abonnements und Verträge gekündigt? ☐ ja ☐ nein

Hat es Spaß gemacht? ☐ ja ☐ nein

Notizen

Wochenübersicht Name ....

Ausgabenart	Montag	Dienstag	Mittwoch
Notwendige Ausgaben (Keine Fixkosten)			
....			
....			
....			
....			
....			
....			
....			
....			
....			
Nicht notwendig, aber schön			
....			
....			
....			
....			
....			
....			
....			
....			
....			
....			
....			
Ungeplantes			
....			
....			
....			
....			
Summe			

Monat

Jahr

Donnerstag	Freitag	Samstag	Sonntag	Art / Summe
Donnerstag	Freitag	Samstag	Sonntag	Art / Summe

Wochenübersicht   Name

Bitte Tagesdatum rechts eintragen

	Ausgabenart	Montag	Dienstag	Mittwoch
Notwendige Ausgaben (Keine Fixkosten)	Summe			
Nicht notwendig, aber schön				
Ungeplantes				
	Summe			

Donnerstag	Freitag	Samstag	Sonntag	Art / Summe

Bitte Tagesdatum rechts eintragen

Ausgabenart	Montag	Dienstag	Mittwoch
Summe			
Summe			

Notwendige Ausgaben (Keine Fixkosten)

Nicht notwendig, aber schön

Ungeplantes

Monat ....   Jahr ....

Donnerstag	Freitag	Samstag	Sonntag	Art / Summe

Wochenübersicht   Name ....

Bitte Tagesdatum rechts eintragen

Ausgabenart	Montag	Dienstag	Mittwoch
Summe			

Notwendige Ausgaben (Keine Fixkosten)
Nicht notwendig, aber schön
Ungeplantes

Monat .... Jahr ....

Donnerstag	Freitag	Samstag	Sonntag	Art / Summe

Wochenübersicht   Name ....

Bitte Tagesdatum rechts eintragen

	Ausgabenart	Montag	Dienstag	Mittwoch
Notwendige Ausgaben (Keine Fixkosten)				
Nicht notwendig, aber schön				
Ungeplantes				
	Summe			

Donnerstag	Freitag	Samstag	Sonntag	Art / Summe

Monatsübersicht

Name ....

....
Monatlicher Einnahmen

−

....
Monatliche Fixkosten

−

....
Notwendige Ausgaben

−

....
Nicht notwendig, aber schön

....
(Kultur / Leben)

=

....
Soll / Haben
aktueller Monat

Wo könntest du sparen?

Könntest du in günstigere Verträge wechseln? Wenn ja in welche? (Telekomunikation / Versicherungen / usw.)

....
....
....
....

Auf was könntest du verzichten?

....
....
....
....

Gibt es günstigere Alternativen?

....
....
....
....

Was könntest du hier ändern?

....
....
....
....
....
....

Monat ....

Jahr ....

Wie viel würdest du gerne sparen?

Hast du einen Wunsch, den du dir gerne erfüllen würdest? Wofür würdest du gerne sparen und warum? Was lief bisher gut? Was könntest du verbessern?

....

....

....

....

....

....

Was würde dich der Wunsch insgesamt kosten?

....
Gesamtsumme
Wunsch

....
Gesamtsumme Wunsch
abzüglich bereits Erspartem

Wie viel musst du für den Wunsch monatlich sparen?

....
Monatliche Einnahmen
minus fixe Beträge

−

....
Monatliche Sparsumme
für deinen Wunsch

=

Dein zur Verfügung stehender Betrag für flexible Ausgaben

....
Summe für
flexible Ausgaben

Fazit

30-Tage-Regel eingehalten? ☐ ja ☐ nein
*Bevor du eine große Anschaffung machst warte und überprüfe, ob du sie
nach 30 Tagen immer noch willst.*

**Hast du dir eine Einkaufsliste vor jedem Einkauf erstellt und nur
darauf Notiertes gekauft?** ☐ ja ☐ nein
Versuche saisonal zu kaufen und wähle Hausmarken anstatt teurere Markenprodukte.

Hast du die 10-Minuten-Regel eingehalten? ☐ ja ☐ nein
*Wenn du etwas spontan kaufen willst halte es 10 Minuten in der Hand und
überlege, ob du es wirklich brauchst.*

**Hast du statt der Kantine selbst gekocht und Essen
mit ins Büro genommen?** ☐ ja ☐ nein

Hast du deine Fahrwege zur Arbeit optimiert? ☐ ja ☐ nein
Fahre doch einmal mit dem Fahrrad zur Arbeit oder bilde eine Fahrgemeinschaft.

Hast du deine Wohnung auf Stromfresser optimiert? ☐ ja ☐ nein
*Lass nicht unnötig Licht brennen und vermeide den Stand-by-Modus elektronischer
Geräte. Tausche alte Glühbirnen gegen LED-Leuchtmittel*

Hast du dir diesen Monat etwas ausgeliehen anstatt es zu kaufen? ☐ ja ☐ nein

Hast du deine Strom- Oder Gaskosten verglichen und optimiert? ☐ ja ☐ nein

Hast du deine Internet- & Mobilfunktarife verglichen und gewechselt? ☐ ja ☐ nein

Hast du deine Versicherungsverträge überprüft? ☐ ja ☐ nein
*Kündige unnötige Versicherungen, wechsle zu günstigeren Anbietern, wechsle in
günstigere Tarife oder zahle anstatt monatlich lieber jährlich.* ☐ ja ☐ nein

Hast du zu günstigen Zeiten und Benzinpreisen getankt? ☐ ja ☐ nein

Hast du deine Konten nach unnötigen Ausgaben durchsucht? ☐ ja ☐ nein

Hast du überlegt, ungünstige Kredite in günstigere umzuschulden? ☐ ja ☐ nein

Hast du statt neuen Sachen auch einmal gebrauchte Sachen gekauft? ☐ ja ☐ nein

☐ ja ☐ nein
**Hast du dich finanziell weitergebildet und dich über
sinnvolle Investitionsmodelle informiert ?**
☐ ja ☐ nein

Hast du rechtzeitig unnötige Abonnements und Verträge gekündigt? ☐ ja ☐ nein

Hat es Spaß gemacht? ☐ ja ☐ nein

Notizen

Wochenübersicht   Name   ....

Bitte Tagesdatum rechts eintragen

Ausgabenart	Montag	Dienstag	Mittwoch
Summe			

Notwendige Ausgaben (Keine Fixkosten)

Nicht notwendig, aber schön

Ungeplantes

50

Monat .... Jahr ....

Donnerstag	Freitag	Samstag	Sonntag	Art / Summe

Wochenübersicht   Name

Bitte Tagesdatum rechts eintragen

Ausgabenart	Montag	Dienstag	Mittwoch
Summe			

Notwendige Ausgaben (Keine Fixkosten)

Nicht notwendig, aber schön

Ungeplantes

Summe

Monat .... Jahr ....

Donnerstag	Freitag	Samstag	Sonntag	Art / Summe

Wochenübersicht   Name

Bitte Tagesdatum rechts eintragen

	Ausgabenart	Montag	Dienstag	Mittwoch
Notwendige Ausgaben (Keine Fixkosten)				
Nicht notwendig, aber schön				
Ungeplantes				
	Summe			

Monat .... Jahr ....

Donnerstag	Freitag	Samstag	Sonntag	Art / Summe

Wochenübersicht Name

Bitte Tagesdatum rechts eintragen

	Ausgabenart	Montag	Dienstag	Mittwoch
Notwendige Ausgaben (Keine Fixkosten)		,	,	,
		,	,	,
		,	,	,
		,	,	,
		,	,	,
		,	,	,
		,	,	,
		,	,	,
		,	,	,
		,	,	,
Nicht notwendig, aber schön		,	,	,
		,	,	,
		,	,	,
		,	,	,
		,	,	,
		,	,	,
		,	,	,
		,	,	,
		,	,	,
		,	,	,
		,	,	,
		,	,	,
		,	,	,
		,	,	,
Ungeplantes		,	,	,
		,	,	,
		,	,	,
		,	,	,
		,	,	,
	Summe	,	,	,

Monat ....   # Jahr ....

Donnerstag	Freitag	Samstag	Sonntag	Art / Summe

Wochenübersicht   Name ....

Bitte Tagesdatum rechts eintragen

Ausgabenart	Montag	Dienstag	Mittwoch
Summe			
Summe			

Row groups (left margin labels):
- Notwendige Ausgaben (Keine Fixkosten)
- Nicht notwendig, aber schön
- Ungeplantes

Monat ....   # Jahr ....

Donnerstag	Freitag	Samstag	Sonntag	Art / Summe

Monatsübersicht

Name ....

....
Monatlicher Einnahmen

−

....
Monatliche Fixkosten

−

....
Notwendige Ausgaben

−

....
Nicht notwendig, aber schön

....
(Kultur / Leben)

=

....
**Soll / Haben
aktueller Monat**

Wo könntest du sparen?

Könntest du in günstigere Verträge wechseln? Wenn ja in welche? (Telekomunikation / Versicherungen / usw.)

....
....
....
....

Auf was könntest du verzichten?

....
....
....

Gibt es günstigere Alternativen?

....
....
....
....

Was könntest du hier ändern?

....
....
....
....
....
....
....

Monat ....   Jahr ....

Wie viel würdest du gerne sparen?

Hast du einen Wunsch, den du dir gerne erfüllen würdest? Wofür würdest du gerne sparen und warum? Was lief bisher gut? Was könntest du verbessern?

....

....

....

....

....

Was würde dich der Wunsch insgesamt kosten?

.... Gesamtsumme Wunsch	.... Gesamtsumme Wunsch abzüglich bereits Erspartem

Wie viel musst du für den Wunsch monatlich sparen?

....
Monatliche Einnahmen
minus fixe Beträge

−

....
Monatliche Sparsumme
für deinen Wunsch

=

Dein zur Verfügung stehender Betrag für flexible Ausgaben

....
Summe für
flexible Ausgaben

Fazit

30-Tage-Regel eingehalten?   ☐ ja   ☐ nein
Bevor du eine große Anschaffung machst warte und überprüfe, ob du sie nach 30 Tagen immer noch willst.

Hast du dir eine Einkaufsliste vor jedem Einkauf erstellt und nur darauf Notiertes gekauft?   ☐ ja   ☐ nein
Versuche saisonal zu kaufen und wähle Hausmarken anstatt teurere Markenprodukte.

Hast du die 10-Minuten-Regel eingehalten?   ☐ ja   ☐ nein
Wenn du etwas spontan kaufen willst halte es 10 Minuten in der Hand und überlege, ob du es wirklich brauchst.

Hast du statt der Kantine selbst gekocht und Essen mit ins Büro genommen?   ☐ ja   ☐ nein

Hast du deine Fahrwege zur Arbeit optimiert?   ☐ ja   ☐ nein
Fahre doch einmal mit dem Fahrrad zur Arbeit oder bilde eine Fahrgemeinschaft.

Hast du deine Wohnung auf Stromfresser optimiert?   ☐ ja   ☐ nein
Lass nicht unnötig Licht brennen und vermeide den Stand-by-Modus elektronischer Geräte. Tausche alte Glühbirnen gegen LED-Leuchtmittel

Hast du dir diesen Monat etwas ausgeliehen anstatt es zu kaufen?   ☐ ja   ☐ nein

Hast du deine Strom- Oder Gaskosten verglichen und optimiert?   ☐ ja   ☐ nein

Hast du deine Internet- & Mobilfunktarife verglichen und gewechselt?   ☐ ja   ☐ nein

Hast du deine Versicherungsverträge überprüft?   ☐ ja   ☐ nein
Kündige unnötige Versicherungen, wechsle zu günstigeren Anbietern, wechsle in günstigere Tarife oder zahle anstatt monatlich lieber jährlich.   ☐ ja   ☐ nein

Hast du zu günstigen Zeiten und Benzinpreisen getankt?   ☐ ja   ☐ nein

Hast du deine Konten nach unnötigen Ausgaben durchsucht?   ☐ ja   ☐ nein

Hast du überlegt, ungünstige Kredite in günstigere umzuschulden?   ☐ ja   ☐ nein

Hast du statt neuen Sachen auch einmal gebrauchte Sachen gekauft?   ☐ ja   ☐ nein

☐ ja   ☐ nein
Hast du dich finanziell weitergebildet und dich über sinnvolle Investitionsmodelle informiert ?
☐ ja   ☐ nein

Hast du rechtzeitig unnötige Abonnements und Verträge gekündigt?   ☐ ja   ☐ nein

Hat es Spaß gemacht?   ☐ ja   ☐ nein

Notizen

Bitte Tagesdatum rechts eintragen

	Ausgabenart	Montag	Dienstag	Mittwoch
Notwendige Ausgaben (Keine Fixkosten)				
Nicht notwendig, aber schön				
Ungeplantes				
	Summe			

Donnerstag	Freitag	Samstag	Sonntag	Art / Summe

Bitte Tagesdatum rechts eintragen

	Ausgabenart	Montag	Dienstag	Mittwoch
Notwendige Ausgaben (Keine Fixkosten)				
Nicht notwendig, aber schön				
Ungeplantes				
	Summe			

Donnerstag	Freitag	Samstag	Sonntag	Art / Summe

Wochenübersicht　　Name　..................................

Bitte Tagesdatum rechts eintragen

Ausgabenart	Montag	Dienstag	Mittwoch

Notwendige Ausgaben (Keine Fixkosten)

Nicht notwendig, aber schön

Ungeplantes

| **Summe** | | | |

Donnerstag	Freitag	Samstag	Sonntag	Art / Summe

Wochenübersicht   Name

Bitte Tagesdatum rechts eintragen

	Ausgabenart	Montag	Dienstag	Mittwoch
Notwendige Ausgaben (Keine Fixkosten)	Summe			
Nicht notwendig, aber schön				
Ungeplantes				
	Summe			

Donnerstag	Freitag	Samstag	Sonntag	Art / Summe

Wochenübersicht   Name

Bitte Tagesdatum rechts eintragen

	Ausgabenart	Montag	Dienstag	Mittwoch
Notwendige Ausgaben (Keine Fixkosten)				
Nicht notwendig, aber schön				
Ungeplantes				
	Summe			

Monat ....   Jahr ....

Donnerstag	Freitag	Samstag	Sonntag	Art / Summe

Monatsübersicht

Name ....

....
Monatlicher Einnahmen

−

....
Monatliche Fixkosten

−

....
Notwendige Ausgaben

−

....
Nicht notwendig, aber schön

....
(Kultur / Leben)

=

....
Soll / Haben
aktueller Monat

Wo könntest du sparen?

Könntest du in günstigere Verträge wechseln? Wenn ja in welche? (Telekomunikation / Versicherungen / usw.)

....
....
....
....

Auf was könntest du verzichten?

....
....
....
....

Gibt es günstigere Alternativen?

....
....
....
....

Was könntest du hier ändern?

....
....
....
....
....
....

Monat ....   # Jahr ....

Wie viel würdest du gerne sparen?

Hast du einen Wunsch, den du dir gerne erfüllen würdest? Wofür würdest du gerne sparen und warum? Was lief bisher gut? Was könntest du verbessern?

....

....

....

....

....

....

Was würde dich der Wunsch insgesamt kosten?

<table>
<tr><td>......................
Gesamtsumme
Wunsch</td><td></td><td>......................
Gesamtsumme Wunsch
abzüglich bereits Erspartem</td></tr>
</table>

Wie viel musst du für den Wunsch monatlich sparen?

<table>
<tr><td>......................
Monatliche Einnahmen
minus fixe Beträge</td><td>**–**</td><td>......................
Monatliche Sparsumme
für deinen Wunsch</td></tr>
</table>

=

Dein zur Verfügung stehender Betrag für flexible Ausgaben

....
Summe für
flexible Ausgaben

Fazit

30-Tage-Regel eingehalten? ☐ ja ☐ nein
*Bevor du eine große Anschaffung machst warte und überprüfe, ob du sie
nach 30 Tagen immer noch willst.*

**Hast du dir eine Einkaufsliste vor jedem Einkauf erstellt und nur
darauf Notiertes gekauft?** ☐ ja ☐ nein
Versuche saisonal zu kaufen und wähle Hausmarken anstatt teurere Markenprodukte.

Hast du die 10-Minuten-Regel eingehalten? ☐ ja ☐ nein
*Wenn du etwas spontan kaufen willst halte es 10 Minuten in der Hand und
überlege, ob du es wirklich brauchst.*

**Hast du statt der Kantine selbst gekocht und Essen
mit ins Büro genommen?** ☐ ja ☐ nein

Hast du deine Fahrwege zur Arbeit optimiert? ☐ ja ☐ nein
Fahre doch einmal mit dem Fahrrad zur Arbeit oder bilde eine Fahrgemeinschaft.

Hast du deine Wohnung auf Stromfresser optimiert? ☐ ja ☐ nein
*Lass nicht unnötig Licht brennen und vermeide den Stand-by-Modus elektronischer
Geräte. Tausche alte Glühbirnen gegen LED-Leuchtmittel*

Hast du dir diesen Monat etwas ausgeliehen anstatt es zu kaufen? ☐ ja ☐ nein

Hast du deine Strom- Oder Gaskosten verglichen und optimiert? ☐ ja ☐ nein

Hast du deine Internet- & Mobilfunktarife verglichen und gewechselt? ☐ ja ☐ nein

Hast du deine Versicherungsverträge überprüft? ☐ ja ☐ nein
*Kündige unnötige Versicherungen, wechsle zu günstigeren Anbietern, wechsle in
günstigere Tarife oder zahle anstatt monatlich lieber jährlich.* ☐ ja ☐ nein

Hast du zu günstigen Zeiten und Benzinpreisen getankt? ☐ ja ☐ nein

Hast du deine Konten nach unnötigen Ausgaben durchsucht? ☐ ja ☐ nein

Hast du überlegt, ungünstige Kredite in günstigere umzuschulden? ☐ ja ☐ nein

Hast du statt neuen Sachen auch einmal gebrauchte Sachen gekauft? ☐ ja ☐ nein

☐ ja ☐ nein
**Hast du dich finanziell weitergebildet und dich über
sinnvolle Investitionsmodelle informiert ?**
☐ ja ☐ nein

Hast du rechtzeitig unnötige Abonnements und Verträge gekündigt? ☐ ja ☐ nein

Hat es Spaß gemacht? ☐ ja ☐ nein

Notizen

Wochenübersicht   Name

Bitte Tagesdatum rechts eintragen

	Ausgabenart	Montag	Dienstag	Mittwoch
Notwendige Ausgaben (Keine Fixkosten)				
Nicht notwendig, aber schön				
Ungeplantes				
	Summe			

Donnerstag	Freitag	Samstag	Sonntag	Art / Summe

Wochenübersicht — Name

Bitte Tagesdatum rechts eintragen

Ausgabenart	Montag	Dienstag	Mittwoch
Notwendige Ausgaben (Keine Fixkosten)			
Nicht notwendig, aber schön			
Ungeplantes			
Summe			

Donnerstag	Freitag	Samstag	Sonntag	Art / Summe

Wochenübersicht   Name ....

Bitte Tagesdatum rechts eintragen

	Ausgabenart	Montag	Dienstag	Mittwoch
Notwendige Ausgaben (Keine Fixkosten)				
Nicht notwendig, aber schön				
Ungeplantes				
	Summe			

Monat .... Jahr ....

Donnerstag	Freitag	Samstag	Sonntag	Art / Summe

Wochenübersicht   Name

Bitte Tagesdatum rechts eintragen

Ausgabenart	Montag	Dienstag	Mittwoch
Notwendige Ausgaben (Keine Fixkosten)			
Nicht notwendig, aber schön			
Ungeplantes			
Summe			

Monat .... Jahr ....

Donnerstag	Freitag	Samstag	Sonntag	Art / Summe

Wochenübersicht   Name

Ausgabenart	Montag	Dienstag	Mittwoch
Notwendige Ausgaben (Keine Fixkosten)			
Nicht notwendig, aber schön			
Ungeplantes			
Summe			

Monat .... Jahr ....

Donnerstag	Freitag	Samstag	Sonntag	Art / Summe

Monatsübersicht

Name ....

....
Monatlicher Einnahmen

−

....
Monatliche Fixkosten

−

....
Notwendige Ausgaben

−

....
Nicht notwendig, aber schön

....
(Kultur / Leben)

=

....
Soll / Haben
aktueller Monat

Wo könntest du sparen?

Könntest du in günstigere Verträge wechseln? Wenn ja in welche? (Telekomunikation / Versicherungen / usw.)

....
....
....
....

Auf was könntest du verzichten?

....
....
....
....

Gibt es günstigere Alternativen?

....
....
....
....

Was könntest du hier ändern?

....
....
....
....
....
....
....

Monat ....   Jahr ....

Wie viel würdest du gerne sparen?

Hast du einen Wunsch, den du dir gerne erfüllen würdest? Wofür würdest du gerne sparen und warum? Was lief bisher gut? Was könntest du verbessern?

....

....

....

....

....

Was würde dich der Wunsch insgesamt kosten?

<table>
<tr><td>........................
Gesamtsumme
Wunsch</td><td>........................
Gesamtsumme Wunsch
abzüglich bereits Erspartem</td></tr>
</table>

Wie viel musst du für den Wunsch monatlich sparen?

<table>
<tr><td>........................
Monatliche Einnahmen
minus fixe Beträge</td><td>**−**</td><td>........................
Monatliche Sparsumme
für deinen Wunsch</td></tr>
</table>

=

Dein zur Verfügung stehender Betrag für flexible Ausgaben

....
Summe für
flexible Ausgaben

Fazit

30-Tage-Regel eingehalten? ☐ ja ☐ nein
Bevor du eine große Anschaffung machst warte und überprüfe, ob du sie nach 30 Tagen immer noch willst.

Hast du dir eine Einkaufsliste vor jedem Einkauf erstellt und nur darauf Notiertes gekauft? ☐ ja ☐ nein
Versuche saisonal zu kaufen und wähle Hausmarken anstatt teurere Markenprodukte.

Hast du die 10-Minuten-Regel eingehalten? ☐ ja ☐ nein
Wenn du etwas spontan kaufen willst halte es 10 Minuten in der Hand und überlege, ob du es wirklich brauchst.

Hast du statt der Kantine selbst gekocht und Essen mit ins Büro genommen? ☐ ja ☐ nein

Hast du deine Fahrwege zur Arbeit optimiert? ☐ ja ☐ nein
Fahre doch einmal mit dem Fahrrad zur Arbeit oder bilde eine Fahrgemeinschaft.

Hast du deine Wohnung auf Stromfresser optimiert? ☐ ja ☐ nein
Lass nicht unnötig Licht brennen und vermeide den Stand-by-Modus elektronischer Geräte. Tausche alte Glühbirnen gegen LED-Leuchtmittel

Hast du dir diesen Monat etwas ausgeliehen anstatt es zu kaufen? ☐ ja ☐ nein

Hast du deine Strom- Oder Gaskosten verglichen und optimiert? ☐ ja ☐ nein

Hast du deine Internet- & Mobilfunktarife verglichen und gewechselt? ☐ ja ☐ nein

Hast du deine Versicherungsverträge überprüft? ☐ ja ☐ nein
Kündige unnötige Versicherungen, wechsle zu günstigeren Anbietern, wechsle in günstigere Tarife oder zahle anstatt monatlich lieber jährlich. ☐ ja ☐ nein

Hast du zu günstigen Zeiten und Benzinpreisen getankt? ☐ ja ☐ nein

Hast du deine Konten nach unnötigen Ausgaben durchsucht? ☐ ja ☐ nein

Hast du überlegt, ungünstige Kredite in günstigere umzuschulden? ☐ ja ☐ nein

Hast du statt neuen Sachen auch einmal gebrauchte Sachen gekauft? ☐ ja ☐ nein

Hast du dich finanziell weitergebildet und dich über sinnvolle Investitionsmodelle informiert ? ☐ ja ☐ nein
☐ ja ☐ nein

Hast du rechtzeitig unnötige Abonnements und Verträge gekündigt? ☐ ja ☐ nein

Hat es Spaß gemacht? ☐ ja ☐ nein

Notizen

Wochenübersicht   Name ....

Bitte Tagesdatum rechts eintragen

Ausgabenart	Montag	Dienstag	Mittwoch

Notwendige Ausgaben (Keine Fixkosten)

Nicht notwendig, aber schön

Ungeplantes

| **Summe** | | | |

Monat   Jahr

Donnerstag	Freitag	Samstag	Sonntag	Art / Summe

Wochenübersicht   Name

Bitte Tagesdatum rechts eintragen

	Ausgabenart	Montag	Dienstag	Mittwoch
Notwendige Ausgaben (Keine Fixkosten)	Summe			
Nicht notwendig, aber schön				
Ungeplantes				
	Summe			

Monat .... Jahr ....

Donnerstag	Freitag	Samstag	Sonntag	Art / Summe
Donnerstag	Freitag	Samstag	Sonntag	Art / Summe

Wochenübersicht   Name

Bitte Tagesdatum rechts eintragen

Ausgabenart	Montag	Dienstag	Mittwoch

Notwendige Ausgaben (Keine Fixkosten)

Nicht notwendig, aber schön

Ungeplantes

| Summe | | | |

Donnerstag	Freitag	Samstag	Sonntag	Art / Summe

Wochenübersicht   Name ....

Bitte Tagesdatum rechts eintragen

	Ausgabenart	Montag	Dienstag	Mittwoch
Notwendige Ausgaben (Keine Fixkosten)				
Nicht notwendig, aber schön				
Ungeplantes				
Summe				

Monat .... Jahr ....

Donnerstag	Freitag	Samstag	Sonntag	Art / Summe

Wochenübersicht   Name ....

Bitte Tagesdatum rechts eintragen

	Ausgabenart	Montag	Dienstag	Mittwoch
Notwendige Ausgaben (Keine Fixkosten)				
Nicht notwendig, aber schön				
Ungeplantes				
	Summe			

Monat   Jahr

Donnerstag	Freitag	Samstag	Sonntag	Art / Summe

Monatsübersicht

Name ....

....
Monatlicher Einnahmen

−

....
Monatliche Fixkosten

−

....
Notwendige Ausgaben

−

....
Nicht notwendig, aber schön

....
(Kultur / Leben)

=

....
Soll / Haben aktueller Monat

Wo könntest du sparen?

Könntest du in günstigere Verträge wechseln? Wenn ja in welche? (Telekomunikation / Versicherungen / usw.)

....
....
....
....

Auf was könntest du verzichten?

....
....
....
....

Gibt es günstigere Alternativen?

....
....
....
....

Was könntest du hier ändern?

....
....
....
....
....
....

Monat ....   Jahr ....

Wie viel würdest du gerne sparen?

Hast du einen Wunsch, den du dir gerne erfüllen würdest? Wofür würdest du gerne sparen und warum? Was lief bisher gut? Was könntest du verbessern?

....
....
....
....
....
....

Was würde dich der Wunsch insgesamt kosten?

....
Gesamtsumme
Wunsch

....
Gesamtsumme Wunsch
abzüglich bereits Erspartem

Wie viel musst du für den Wunsch monatlich sparen?

....
Monatliche Einnahmen
minus fixe Beträge

−

....
Monatliche Sparsumme
für deinen Wunsch

=

Dein zur Verfügung stehender Betrag für flexible Ausgaben

....
Summe für
flexible Ausgaben

Fazit

30-Tage-Regel eingehalten? ☐ ja ☐ nein
Bevor du eine große Anschaffung machst warte und überprüfe, ob du sie nach 30 Tagen immer noch willst.

Hast du dir eine Einkaufsliste vor jedem Einkauf erstellt und nur darauf Notiertes gekauft? ☐ ja ☐ nein
Versuche saisonal zu kaufen und wähle Hausmarken anstatt teurere Markenprodukte.

Hast du die 10-Minuten-Regel eingehalten? ☐ ja ☐ nein
Wenn du etwas spontan kaufen willst halte es 10 Minuten in der Hand und überlege, ob du es wirklich brauchst.

Hast du statt der Kantine selbst gekocht und Essen mit ins Büro genommen? ☐ ja ☐ nein

Hast du deine Fahrwege zur Arbeit optimiert? ☐ ja ☐ nein
Fahre doch einmal mit dem Fahrrad zur Arbeit oder bilde eine Fahrgemeinschaft.

Hast du deine Wohnung auf Stromfresser optimiert? ☐ ja ☐ nein
Lass nicht unnötig Licht brennen und vermeide den Stand-by-Modus elektronischer Geräte. Tausche alte Glühbirnen gegen LED-Leuchtmittel

Hast du dir diesen Monat etwas ausgeliehen anstatt es zu kaufen? ☐ ja ☐ nein

Hast du deine Strom- Oder Gaskosten verglichen und optimiert? ☐ ja ☐ nein

Hast du deine Internet- & Mobilfunktarife verglichen und gewechselt? ☐ ja ☐ nein

Hast du deine Versicherungsverträge überprüft? ☐ ja ☐ nein
Kündige unnötige Versicherungen, wechsle zu günstigeren Anbietern, wechsle in günstigere Tarife oder zahle anstatt monatlich lieber jährlich. ☐ ja ☐ nein

Hast du zu günstigen Zeiten und Benzinpreisen getankt? ☐ ja ☐ nein

Hast du deine Konten nach unnötigen Ausgaben durchsucht? ☐ ja ☐ nein

Hast du überlegt, ungünstige Kredite in günstigere umzuschulden? ☐ ja ☐ nein

Hast du statt neuen Sachen auch einmal gebrauchte Sachen gekauft? ☐ ja ☐ nein

Hast du dich finanziell weitergebildet und dich über sinnvolle Investitionsmodelle informiert ? ☐ ja ☐ nein
☐ ja ☐ nein

Hast du rechtzeitig unnötige Abonnements und Verträge gekündigt? ☐ ja ☐ nein

Hat es Spaß gemacht? ☐ ja ☐ nein

Notizen

Wochenübersicht　　Name

Bitte Tagesdatum rechts eintragen

	Ausgabenart	Montag	Dienstag	Mittwoch
Notwendige Ausgaben (Keine Fixkosten)				
Nicht notwendig, aber schön				
Ungeplantes				
	Summe			

Monat .... Jahr ....

Donnerstag	Freitag	Samstag	Sonntag	Art / Summe

Wochenübersicht   Name ....

Bitte Tagesdatum rechts eintragen

	Ausgabenart	Montag	Dienstag	Mittwoch
Notwendige Ausgaben (Keine Fixkosten)				
Nicht notwendig, aber schön				
Ungeplantes				
	Summe			

Monat .... Jahr ....

Donnerstag	Freitag	Samstag	Sonntag	Art / Summe

Wochenübersicht   Name ....

Bitte Tagesdatum rechts eintragen

Ausgabenart	Montag	Dienstag	Mittwoch
Summe			

Notwendige Ausgaben (Keine Fixkosten)

Nicht notwendig, aber schön

Ungeplantes

Monat .... Jahr ....

Donnerstag	Freitag	Samstag	Sonntag	Art / Summe

Wochenübersicht   Name ________________________

Bitte Tagesdatum rechts eintragen

	Ausgabenart	Montag	Dienstag	Mittwoch
Notwendige Ausgaben (Keine Fixkosten)				
Nicht notwendig, aber schön				
Ungeplantes				
	Summe			

Monat .... Jahr ....

Donnerstag	Freitag	Samstag	Sonntag	Art / Summe

Wochenübersicht   Name

Bitte Tagesdatum rechts eintragen

Ausgabenart	Montag	Dienstag	Mittwoch

Notwendige Ausgaben (Keine Fixkosten)

Nicht notwendig, aber schön

Ungeplantes

| **Summe** | | | |

Monat ....   Jahr ....

Donnerstag	Freitag	Samstag	Sonntag	Art / Summe

Monatsübersicht

Name

....
Monatlicher Einnahmen

−

....
Monatliche Fixkosten

−

....
Notwendige Ausgaben

−

....
Nicht notwendig, aber schön

....
(Kultur / Leben)

=

....
Soll / Haben
aktueller Monat

Wo könntest du sparen?

Könntest du in günstigere Verträge wechseln? Wenn ja in welche? (Telekomunikation / Versicherungen / usw.)

....
....
....
....

Auf was könntest du verzichten?

....
....
....
....

Gibt es günstigere Alternativen?

....
....
....
....

Was könntest du hier ändern?

....
....
....
....
....
....

Monat .... Jahr ....

Wie viel würdest du gerne sparen?

Hast du einen Wunsch, den du dir gerne erfüllen würdest? Wofür würdest du gerne sparen und warum? Was lief bisher gut? Was könntest du verbessern?

....

....

....

....

....

Was würde dich der Wunsch insgesamt kosten?

....
Gesamtsumme Wunsch

....
Gesamtsumme Wunsch abzüglich bereits Erspartem

Wie viel musst du für den Wunsch monatlich sparen?

....
Monatliche Einnahmen minus fixe Beträge

−

....
Monatliche Sparsumme für deinen Wunsch

=

Dein zur Verfügung stehender Betrag für flexible Ausgaben

....
Summe für flexible Ausgaben

Fazit

30-Tage-Regel eingehalten? ☐ ja ☐ nein
Bevor du eine große Anschaffung machst warte und überprüfe, ob du sie nach 30 Tagen immer noch willst.

Hast du dir eine Einkaufsliste vor jedem Einkauf erstellt und nur darauf Notiertes gekauft? ☐ ja ☐ nein
Versuche saisonal zu kaufen und wähle Hausmarken anstatt teurere Markenprodukte.

Hast du die 10-Minuten-Regel eingehalten? ☐ ja ☐ nein
Wenn du etwas spontan kaufen willst halte es 10 Minuten in der Hand und überlege, ob du es wirklich brauchst.

Hast du statt der Kantine selbst gekocht und Essen mit ins Büro genommen? ☐ ja ☐ nein

Hast du deine Fahrwege zur Arbeit optimiert? ☐ ja ☐ nein
Fahre doch einmal mit dem Fahrrad zur Arbeit oder bilde eine Fahrgemeinschaft.

Hast du deine Wohnung auf Stromfresser optimiert? ☐ ja ☐ nein
Lass nicht unnötig Licht brennen und vermeide den Stand-by-Modus elektronischer Geräte. Tausche alte Glühbirnen gegen LED-Leuchtmittel

Hast du dir diesen Monat etwas ausgeliehen anstatt es zu kaufen? ☐ ja ☐ nein

Hast du deine Strom- Oder Gaskosten verglichen und optimiert? ☐ ja ☐ nein

Hast du deine Internet- & Mobilfunktarife verglichen und gewechselt? ☐ ja ☐ nein

Hast du deine Versicherungsverträge überprüft? ☐ ja ☐ nein
Kündige unnötige Versicherungen, wechsle zu günstigeren Anbietern, wechsle in günstigere Tarife oder zahle anstatt monatlich lieber jährlich. ☐ ja ☐ nein

Hast du zu günstigen Zeiten und Benzinpreisen getankt? ☐ ja ☐ nein

Hast du deine Konten nach unnötigen Ausgaben durchsucht? ☐ ja ☐ nein

Hast du überlegt, ungünstige Kredite in günstigere umzuschulden? ☐ ja ☐ nein

Hast du statt neuen Sachen auch einmal gebrauchte Sachen gekauft? ☐ ja ☐ nein

☐ ja ☐ nein
Hast du dich finanziell weitergebildet und dich über sinnvolle Investitionsmodelle informiert ?
☐ ja ☐ nein

Hast du rechtzeitig unnötige Abonnements und Verträge gekündigt? ☐ ja ☐ nein

Hat es Spaß gemacht? ☐ ja ☐ nein

Notizen

Wochenübersicht　　Name

Bitte Tagesdatum rechts eintragen

	Ausgabenart	Montag	Dienstag	Mittwoch
Notwendige Ausgaben (Keine Fixkosten)				
Nicht notwendig, aber schön				
Ungeplantes				
	Summe			

Monat ....   Jahr ....

Donnerstag	Freitag	Samstag	Sonntag	Art / Summe

Wochenübersicht   Name

	Ausgabenart	Montag	Dienstag	Mittwoch
Notwendige Ausgaben (Keine Fixkosten)				
Nicht notwendig, aber schön				
Ungeplantes				
	Summe			

Monat .... Jahr ....

Donnerstag	Freitag	Samstag	Sonntag	Art / Summe

Wochenübersicht   Name

Ausgabenart	Montag	Dienstag	Mittwoch
Summe			

Notwendige Ausgaben (Keine Fixkosten)

Nicht notwendig, aber schön

Ungeplantes

Monat .... Jahr ....

Donnerstag	Freitag	Samstag	Sonntag	Art / Summe

Wochenübersicht   Name

Bitte Tagesdatum rechts eintragen

Ausgabenart	Montag	Dienstag	Mittwoch
Summe			

Notwendige Ausgaben (Keine Fixkosten)

Nicht notwendig, aber schön

Ungeplantes

	Montag	Dienstag	Mittwoch
Summe			

Monat .... Jahr ....

Donnerstag	Freitag	Samstag	Sonntag	Art / Summe

Wochenübersicht   Name

Bitte Tagesdatum rechts eintragen

Ausgabenart	Montag	Dienstag	Mittwoch

Notwendige Ausgaben (Keine Fixkosten)

Nicht notwendig, aber schön

Ungeplantes

| **Summe** | | | |

Monat .... Jahr ....

Donnerstag	Freitag	Samstag	Sonntag	Art / Summe

Name ....

Fixe Beträge- Sparpotenzial durch optimierbare Verträge

....

Monatlicher Einnahmen

−

....

Monatliche Fixkosten

−

....

Notwendige Ausgaben

−

Flexible Ausgaben mit Einsparpotenzial

....

Nicht notwendig, aber schön

....

(Kultur / Leben)

=

....

**Soll / Haben
aktueller Monat**

Wo könntest du sparen?

Könntest du in günstigere Verträge wechseln? Wenn ja in welche? (Telekommunikation / Versicherungen / usw.)

....

....

....

....

Auf was könntest du verzichten?

....

....

....

....

Gibt es günstigere Alternativen?

....

....

....

....

Was könntest du hier ändern?

....

....

....

....

....

....

....

Monat ....   Jahr ....

Wie viel würdest du gerne sparen?

Hast du einen Wunsch, den du dir gerne erfüllen würdest? Wofür würdest du gerne sparen und warum? Was lief bisher gut? Was könntest du verbessern?

....

....

....

....

....

Was würde dich der Wunsch insgesamt kosten?

> ....
> Gesamtsumme
> Wunsch

> ....
> Gesamtsumme Wunsch
> abzüglich bereits Erspartem

Wie viel musst du für den Wunsch monatlich sparen?

> ....
> Monatliche Einnahmen
> minus fixe Beträge

−

> ....
> Monatliche Sparsumme
> für deinen Wunsch

=

Dein zur Verfügung stehender Betrag für flexible Ausgaben

> ....
> Summe für
> flexible Ausgaben

Fazit

30-Tage-Regel eingehalten? ☐ ja ☐ nein
Bevor du eine große Anschaffung machst warte und überprüfe, ob du sie nach 30 Tagen immer noch willst.

Hast du dir eine Einkaufsliste vor jedem Einkauf erstellt und nur darauf Notiertes gekauft? ☐ ja ☐ nein
Versuche saisonal zu kaufen und wähle Hausmarken anstatt teurere Markenprodukte.

Hast du die 10-Minuten-Regel eingehalten? ☐ ja ☐ nein
Wenn du etwas spontan kaufen willst halte es 10 Minuten in der Hand und überlege, ob du es wirklich brauchst.

Hast du statt der Kantine selbst gekocht und Essen mit ins Büro genommen? ☐ ja ☐ nein

Hast du deine Fahrwege zur Arbeit optimiert? ☐ ja ☐ nein
Fahre doch einmal mit dem Fahrrad zur Arbeit oder bilde eine Fahrgemeinschaft.

Hast du deine Wohnung auf Stromfresser optimiert? ☐ ja ☐ nein
Lass nicht unnötig Licht brennen und vermeide den Stand-by-Modus elektronischer Geräte. Tausche alte Glühbirnen gegen LED-Leuchtmittel

Hast du dir diesen Monat etwas ausgeliehen anstatt es zu kaufen? ☐ ja ☐ nein

Hast du deine Strom- Oder Gaskosten verglichen und optimiert? ☐ ja ☐ nein

Hast du deine Internet- & Mobilfunktarife verglichen und gewechselt? ☐ ja ☐ nein

Hast du deine Versicherungsverträge überprüft? ☐ ja ☐ nein
Kündige unnötige Versicherungen, wechsle zu günstigeren Anbietern, wechsle in günstigere Tarife oder zahle anstatt monatlich lieber jährlich. ☐ ja ☐ nein

Hast du zu günstigen Zeiten und Benzinpreisen getankt? ☐ ja ☐ nein

Hast du deine Konten nach unnötigen Ausgaben durchsucht? ☐ ja ☐ nein

Hast du überlegt, ungünstige Kredite in günstigere umzuschulden? ☐ ja ☐ nein

Hast du statt neuen Sachen auch einmal gebrauchte Sachen gekauft? ☐ ja ☐ nein

Hast du dich finanziell weitergebildet und dich über sinnvolle Investitionsmodelle informiert ? ☐ ja ☐ nein
☐ ja ☐ nein

Hast du rechtzeitig unnötige Abonnements und Verträge gekündigt? ☐ ja ☐ nein

Hat es Spaß gemacht? ☐ ja ☐ nein

Notizen

Wochenübersicht

Name

Bitte Tagesdatum rechts eintragen

	Ausgabenart	Montag	Dienstag	Mittwoch
Notwendige Ausgaben (Keine Fixkosten)				
Nicht notwendig, aber schön				
Ungeplantes				
	Summe			

Monat ....   Jahr ....

Donnerstag	Freitag	Samstag	Sonntag	Art / Summe

Wochenübersicht   Name ....

Bitte Tagesdatum rechts eintragen

	Ausgabenart	Montag	Dienstag	Mittwoch
Notwendige Ausgaben (Keine Fixkosten)		,	,	,
		,	,	,
		,	,	,
		,	,	,
		,	,	,
		,	,	,
		,	,	,
		,	,	,
		,	,	,
		,	,	,
Nicht notwendig, aber schön		,	,	,
		,	,	,
		,	,	,
		,	,	,
		,	,	,
		,	,	,
		,	,	,
		,	,	,
		,	,	,
		,	,	,
		,	,	,
		,	,	,
		,	,	,
		,	,	,
Ungeplantes		,	,	,
		,	,	,
		,	,	,
		,	,	,
		,	,	,
Summe		,	,	,

Donnerstag	Freitag	Samstag	Sonntag	Art / Summe

Wochenübersicht   Name ....

Bitte Tagesdatum rechts eintragen

Ausgabenart	Montag	Dienstag	Mittwoch

Notwendige Ausgaben (Keine Fixkosten)

Nicht notwendig, aber schön

Ungeplantes

| **Summe** | | | |

Monat .... Jahr ....

Donnerstag	Freitag	Samstag	Sonntag	Art / Summe

Wochenübersicht   Name ....

Bitte Tagesdatum rechts eintragen

	Ausgabenart	Montag	Dienstag	Mittwoch
Notwendige Ausgaben (Keine Fixkosten)				
Nicht notwendig, aber schön				
Ungeplantes				
	Summe			

Monat .... Jahr ....

Donnerstag	Freitag	Samstag	Sonntag	Art / Summe

Wochenübersicht   Name

Bitte Tagesdatum rechts eintragen

Ausgabenart	Montag	Dienstag	Mittwoch

Notwendige Ausgaben (Keine Fixkosten)

Nicht notwendig, aber schön

Ungeplantes

| Summe | | | |

Monat .... Jahr ....

Donnerstag	Freitag	Samstag	Sonntag	Art / Summe

Monatsübersicht

Name ....

Wo könntest du sparen?

Könntest du in günstigere Verträge wechseln? Wenn ja in welche? (Telekomunikation / Versicherungen / usw.)

....
....
....
....

Auf was könntest du verzichten?

....
....
....
....

Gibt es günstigere Alternativen?

....
....
....
....

Was könntest du hier ändern?

....
....
....
....
....
....

Monat ....   Jahr ....

Wie viel würdest du gerne sparen?

Hast du einen Wunsch, den du dir gerne erfüllen würdest? Wofür würdest du gerne sparen und warum? Was lief bisher gut? Was könntest du verbessern?

....

....

....

....

....

Was würde dich der Wunsch insgesamt kosten?

Gesamtsumme Wunsch	Gesamtsumme Wunsch abzüglich bereits Erspartem

Wie viel musst du für den Wunsch monatlich sparen?

Monatliche Einnahmen minus fixe Beträge **−** Monatliche Sparsumme für deinen Wunsch

=

Dein zur Verfügung stehender Betrag für flexible Ausgaben

Summe für flexible Ausgaben

Fazit

30-Tage-Regel eingehalten? ☐ ja ☐ nein
*Bevor du eine große Anschaffung machst warte und überprüfe, ob du sie
nach 30 Tagen immer noch willst.*

**Hast du dir eine Einkaufsliste vor jedem Einkauf erstellt und nur
darauf Notiertes gekauft?** ☐ ja ☐ nein
Versuche saisonal zu kaufen und wähle Hausmarken anstatt teurere Markenprodukte.

Hast du die 10-Minuten-Regel eingehalten? ☐ ja ☐ nein
*Wenn du etwas spontan kaufen willst halte es 10 Minuten in der Hand und
überlege, ob du es wirklich brauchst.*

**Hast du statt der Kantine selbst gekocht und Essen
mit ins Büro genommen?** ☐ ja ☐ nein

Hast du deine Fahrwege zur Arbeit optimiert? ☐ ja ☐ nein
Fahre doch einmal mit dem Fahrrad zur Arbeit oder bilde eine Fahrgemeinschaft.

Hast du deine Wohnung auf Stromfresser optimiert? ☐ ja ☐ nein
*Lass nicht unnötig Licht brennen und vermeide den Stand-by-Modus elektronischer
Geräte. Tausche alte Glühbirnen gegen LED-Leuchtmittel*

Hast du dir diesen Monat etwas ausgeliehen anstatt es zu kaufen? ☐ ja ☐ nein

Hast du deine Strom- Oder Gaskosten verglichen und optimiert? ☐ ja ☐ nein

Hast du deine Internet- & Mobilfunktarife verglichen und gewechselt? ☐ ja ☐ nein

Hast du deine Versicherungsverträge überprüft? ☐ ja ☐ nein
*Kündige unnötige Versicherungen, wechsle zu günstigeren Anbietern, wechsle in
günstigere Tarife oder zahle anstatt monatlich lieber jährlich.* ☐ ja ☐ nein

Hast du zu günstigen Zeiten und Benzinpreisen getankt? ☐ ja ☐ nein

Hast du deine Konten nach unnötigen Ausgaben durchsucht? ☐ ja ☐ nein

Hast du überlegt, ungünstige Kredite in günstigere umzuschulden? ☐ ja ☐ nein

Hast du statt neuen Sachen auch einmal gebrauchte Sachen gekauft? ☐ ja ☐ nein

**Hast du dich finanziell weitergebildet und dich über
sinnvolle Investitionsmodelle informiert ?** ☐ ja ☐ nein
☐ ja ☐ nein

Hast du rechtzeitig unnötige Abonnements und Verträge gekündigt? ☐ ja ☐ nein

Hat es Spaß gemacht? ☐ ja ☐ nein

Notizen

Wochenübersicht   Name

Bitte Tagesdatum rechts eintragen

	Ausgabenart	Montag	Dienstag	Mittwoch
Notwendige Ausgaben (Keine Fixkosten)	Summe			
Nicht notwendig, aber schön				
Ungeplantes				
	Summe			

Monat .... Jahr ....

Donnerstag	Freitag	Samstag	Sonntag	Art / Summe

Wochenübersicht   Name ....

Ausgabenart	Montag	Dienstag	Mittwoch
Notwendige Ausgaben (Keine Fixkosten)			
Nicht notwendig, aber schön			
Ungeplantes			
Summe			

Donnerstag	Freitag	Samstag	Sonntag	Art / Summe

Wochenübersicht   Name

Bitte Tagesdatum rechts eintragen

Ausgabenart	Montag	Dienstag	Mittwoch

Notwendige Ausgaben (Keine Fixkosten)

Nicht notwendig, aber schön

Ungeplantes

| **Summe** | | | |

Monat .... Jahr ....

Donnerstag	Freitag	Samstag	Sonntag	Art / Summe

Wochenübersicht   Name

Bitte Tagesdatum rechts eintragen

Ausgabenart	Montag	Dienstag	Mittwoch

Notwendige Ausgaben (Keine Fixkosten)

Nicht notwendig, aber schön

Ungeplantes

| **Summe** | | | |

Monat _______________   Jahr _______________

Donnerstag	Freitag	Samstag	Sonntag	Art / Summe

Wochenübersicht   Name ....

Bitte Tagesdatum rechts eintragen

Ausgabenart	Montag	Dienstag	Mittwoch

Notwendige Ausgaben (Keine Fixkosten)

Nicht notwendig, aber schön

Ungeplantes

Summe

Monat .... Jahr ....

Donnerstag	Freitag	Samstag	Sonntag	Art / Summe

Monatsübersicht

Name ....

....
Monatlicher Einnahmen

−

....
Monatliche Fixkosten

−

....
Notwendige Ausgaben

−

....
Nicht notwendig, aber schön

....
(Kultur / Leben)

=

....
**Soll / Haben
aktueller Monat**

Wo könntest du sparen?

Könntest du in günstigere Verträge wechseln? Wenn ja in welche? (Teleko-munikation / Versicherungen / usw.)

....
....
....

Auf was könntest du verzichten?

....
....
....
....

Gibt es günstigere Alternativen?

....
....
....

Was könntest du hier ändern?

....
....
....
....
....
....

Monat ....   # Jahr ....

Wie viel würdest du gerne sparen?

Hast du einen Wunsch, den du dir gerne erfüllen würdest? Wofür würdest du gerne sparen und warum? Was lief bisher gut? Was könntest du verbessern?

....

....

....

....

....

....

Was würde dich der Wunsch insgesamt kosten?

<table>
<tr><td>............................
Gesamtsumme
Wunsch</td><td>............................
Gesamtsumme Wunsch
abzüglich bereits Erspartem</td></tr>
</table>

Wie viel musst du für den Wunsch monatlich sparen?

<table>
<tr><td>............................
Monatliche Einnahmen
minus fixe Beträge</td><td>**−**</td><td>............................
Monatliche Sparsumme
für deinen Wunsch</td></tr>
</table>

=

Dein zur Verfügung stehender Betrag für flexible Ausgaben

....
Summe für
flexible Ausgaben

Fazit

30-Tage-Regel eingehalten? ☐ ja ☐ nein
*Bevor du eine große Anschaffung machst warte und überprüfe, ob du sie
nach 30 Tagen immer noch willst.*

**Hast du dir eine Einkaufsliste vor jedem Einkauf erstellt und nur
darauf Notiertes gekauft?** ☐ ja ☐ nein
Versuche saisonal zu kaufen und wähle Hausmarken anstatt teurere Markenprodukte.

Hast du die 10-Minuten-Regel eingehalten? ☐ ja ☐ nein
*Wenn du etwas spontan kaufen willst halte es 10 Minuten in der Hand und
überlege, ob du es wirklich brauchst.*

**Hast du statt der Kantine selbst gekocht und Essen
mit ins Büro genommen?** ☐ ja ☐ nein

Hast du deine Fahrwege zur Arbeit optimiert? ☐ ja ☐ nein
Fahre doch einmal mit dem Fahrrad zur Arbeit oder bilde eine Fahrgemeinschaft.

Hast du deine Wohnung auf Stromfresser optimiert? ☐ ja ☐ nein
*Lass nicht unnötig Licht brennen und vermeide den Stand-by-Modus elektronischer
Geräte. Tausche alte Glühbirnen gegen LED-Leuchtmittel*

Hast du dir diesen Monat etwas ausgeliehen anstatt es zu kaufen? ☐ ja ☐ nein

Hast du deine Strom- Oder Gaskosten verglichen und optimiert? ☐ ja ☐ nein

Hast du deine Internet- & Mobilfunktarife verglichen und gewechselt? ☐ ja ☐ nein

Hast du deine Versicherungsverträge überprüft? ☐ ja ☐ nein
*Kündige unnötige Versicherungen, wechsle zu günstigeren Anbietern, wechsle in
günstigere Tarife oder zahle anstatt monatlich lieber jährlich.* ☐ ja ☐ nein

Hast du zu günstigen Zeiten und Benzinpreisen getankt? ☐ ja ☐ nein

Hast du deine Konten nach unnötigen Ausgaben durchsucht? ☐ ja ☐ nein

Hast du überlegt, ungünstige Kredite in günstigere umzuschulden? ☐ ja ☐ nein

Hast du statt neuen Sachen auch einmal gebrauchte Sachen gekauft? ☐ ja ☐ nein

☐ ja ☐ nein
**Hast du dich finanziell weitergebildet und dich über
sinnvolle Investitionsmodelle informiert ?**
☐ ja ☐ nein

Hast du rechtzeitig unnötige Abonnements und Verträge gekündigt? ☐ ja ☐ nein

Hat es Spaß gemacht? ☐ ja ☐ nein

Notizen

Wochenübersicht   Name

Bitte Tagesdatum rechts eintragen

	Ausgabenart	Montag	Dienstag	Mittwoch
Notwendige Ausgaben (Keine Fixkosten)				
Nicht notwendig, aber schön				
Ungeplantes				
	Summe			

onnerstag	Freitag	Samstag	Sonntag	Art / Summe

Wochenübersicht   Name

Bitte Tagesdatum rechts eintragen

	Ausgabenart	Montag	Dienstag	Mittwoc…
Notwendige Ausgaben (Keine Fixkosten)				
Nicht notwendig, aber schön				
Ungeplantes				
	Summe			

Monat .... Jahr ....

Donnerstag	Freitag	Samstag	Sonntag	Art / Summe

Wochenübersicht   Name

Bitte Tagesdatum rechts eintragen

	Ausgabenart	Montag	Dienstag	Mittwoch
Notwendige Ausgaben (Keine Fixkosten)	Summe			
Nicht notwendig, aber schön				
Ungeplantes				
	Summe			

Donnerstag	Freitag	Samstag	Sonntag	Art / Summe

Wochenübersicht   Name

Bitte Tagesdatum rechts eintragen

Ausgabenart	Montag	Dienstag	Mittwoch
Notwendige Ausgaben (Keine Fixkosten)			
Nicht notwendig, aber schön			
Ungeplantes			
Summe			

Monat .... Jahr ....

Donnerstag	Freitag	Samstag	Sonntag	Art / Summe

Wochenübersicht   Name

Bitte Tagesdatum rechts eintragen

	Ausgabenart	Montag	Dienstag	Mittwoch
Notwendige Ausgaben (Keine Fixkosten)				
Nicht notwendig, aber schön				
Ungeplantes				
	Summe			

Monat .... Jahr ....

Donnerstag	Freitag	Samstag	Sonntag	Art / Summe

Monatsübersicht

Name ....

....
Monatlicher Einnahmen

–

....
Monatliche Fixkosten

–

....
Notwendige Ausgaben

–

....
Nicht notwendig, aber schön

....
(Kultur / Leben)

=

....
Soll / Haben
aktueller Monat

Wo könntest du sparen?

Könntest du in günstigere Verträge wechseln? Wenn ja in welche? (Telekomunikation / Versicherungen / usw.)

....
....
....
....

Auf was könntest du verzichten?

....
....
....
....

Gibt es günstigere Alternativen?

....
....
....
....

Was könntest du hier ändern?

....
....
....
....
....
....
....
....

Monat ....   Jahr ....

Wie viel würdest du gerne sparen?

Hast du einen Wunsch, den du dir gerne erfüllen würdest? Wofür würdest du gerne sparen und warum? Was lief bisher gut? Was könntest du verbessern?

....

....

....

....

....

....

Was würde dich der Wunsch insgesamt kosten?

.... Gesamtsumme Wunsch	.... Gesamtsumme Wunsch abzüglich bereits Erspartem

Wie viel musst du für den Wunsch monatlich sparen?

.... Monatliche Einnahmen minus fixe Beträge	**−**	.... Monatliche Sparsumme für deinen Wunsch

=

....
 Summe für <br> flexible Ausgaben

Dein zur Verfügung stehender Betrag für flexible Ausgaben

Fazit

30-Tage-Regel eingehalten? ☐ ja ☐ nein
*Bevor du eine große Anschaffung machst warte und überprüfe, ob du sie
nach 30 Tagen immer noch willst.*

**Hast du dir eine Einkaufsliste vor jedem Einkauf erstellt und nur
darauf Notiertes gekauft?** ☐ ja ☐ nein
Versuche saisonal zu kaufen und wähle Hausmarken anstatt teurere Markenprodukte.

Hast du die 10-Minuten-Regel eingehalten? ☐ ja ☐ nein
*Wenn du etwas spontan kaufen willst halte es 10 Minuten in der Hand und
überlege, ob du es wirklich brauchst.*

**Hast du statt der Kantine selbst gekocht und Essen
mit ins Büro genommen?** ☐ ja ☐ nein

Hast du deine Fahrwege zur Arbeit optimiert? ☐ ja ☐ nein
Fahre doch einmal mit dem Fahrrad zur Arbeit oder bilde eine Fahrgemeinschaft.

Hast du deine Wohnung auf Stromfresser optimiert? ☐ ja ☐ nein
*Lass nicht unnötig Licht brennen und vermeide den Stand-by-Modus elektronischer
Geräte. Tausche alte Glühbirnen gegen LED-Leuchtmittel*

Hast du dir diesen Monat etwas ausgeliehen anstatt es zu kaufen? ☐ ja ☐ nein

Hast du deine Strom- Oder Gaskosten verglichen und optimiert? ☐ ja ☐ nein

Hast du deine Internet- & Mobilfunktarife verglichen und gewechselt? ☐ ja ☐ nein

Hast du deine Versicherungsverträge überprüft? ☐ ja ☐ nein
*Kündige unnötige Versicherungen, wechsle zu günstigeren Anbietern, wechsle in
günstigere Tarife oder zahle anstatt monatlich lieber jährlich.* ☐ ja ☐ nein

Hast du zu günstigen Zeiten und Benzinpreisen getankt? ☐ ja ☐ nein

Hast du deine Konten nach unnötigen Ausgaben durchsucht? ☐ ja ☐ nein

Hast du überlegt, ungünstige Kredite in günstigere umzuschulden? ☐ ja ☐ nein

Hast du statt neuen Sachen auch einmal gebrauchte Sachen gekauft? ☐ ja ☐ nein

☐ ja ☐ nein
**Hast du dich finanziell weitergebildet und dich über
sinnvolle Investitionsmodelle informiert ?**
☐ ja ☐ nein

Hast du rechtzeitig unnötige Abonnements und Verträge gekündigt? ☐ ja ☐ nein

Hat es Spaß gemacht? ☐ ja ☐ nein

Notizen

Impressum / Imprint:
Florian Reichl | Urbanstr 65 | 10967 Berlin | Germany
info@frdesign.org